D1690735

Kaninen der så gerne ville sove
er oversat fra svensk af Lilian Kingo efter
Kaninen som så gärna ville somna
Originally published in Sweden by Ehrlin Förlag
Copyright © 2010 Carl-Johan Forssén Ehrlin
Illustrations by Irina Maununen
Published by agreement with Salomonsson Agency, Stockholm

Dansk udgave: © 2015 Forlaget Alvilda, København
Redaktion: Ulla Selfort
Grafisk tilrettelægning: Sysser Bengtsson
Dansk søvnkonsulent med psykologfaglig ekspertise inden for
klinisk hypnosebehandling: cand.psych. Otilia Henriksen

Bogen er sat med Times og Populaire
1. udgave, 3. oplag
Trykt 2015 af Narayana Press, Danmark
ISBN 978-87-7165-261-1

www.alvilda.dk

Ansvarsfraskrivelse: Bogen er helt ufarlig at bruge.
Forfatter og forlag tager dog intet ansvar for dens virkning.

En stor tak til alle jer, der har delt ud af jeres viden og tid,
så denne bog kunne blive til: Siv Duvling, Eva Hyllstam,
Nadja Maununen, Irina Maununen og Linda Ehrlin.

EN NY MÅDE AT FÅ DIT BARN TIL AT FALDE I SØVN PÅ

KANINEN DER SÅ GERNE VILLE SOVE

CARL-JOHAN FORSSÉN EHRLIN

ILLUSTRERET AF IRINA MAUNUNEN
PÅ DANSK VED LILIAN KINGO

ALVILDA

INSTRUKTION TIL LÆSEREN

Advarsel! Læs aldrig denne bog højt i nærheden af en person, der sidder bag rattet i en bil eller et andet køretøj!

Kaninen der så gerne ville sove er beregnet til at hjælpe børn til hurtigere at falde i søvn, enten derhjemme eller i daginstitutionen. Den bedste virkning får du, hvis du lader dit barn lege færdig, inden du går i gang med at læse højt. Barnet har måske også behov for at høre bogen et par gange, inden han eller hun føler sig helt tryg ved den og lettere kan slappe af. Som oplæser skal du også afsætte tid til historien: Find din bedste eventyrfortællerstemme frem, bliv en del af historien for en tid, og sørg for, at I ikke bliver forstyrret, mens du læser. På den måde skaber du de bedste forudsætninger for, at dit barn kan føle sig rolig og tryg, og for, at han eller hun kan falde ordentligt i søvn. Indholdet bygger på en række virkningsfulde psykologiske afspændingsteknikker, og det anbefales, at du læser hele historien højt, også selvom barnet falder i søvn, inden du er færdig. Det virker bedst, hvis barnet ligger ned og lytter, mens du læser, så han eller hun kan slappe endnu mere af, frem for at være med til at kigge i bogen.

Læs gerne teksten helt almindeligt i begyndelsen, og når du føler dig parat til det, kan du forstærke historien en hel del ved at benytte dig af nedenstående anbefalinger. Nogle børn kan bedre lide, at den bliver læst almindeligt. Prøv dig frem.

- **Fed tekst** betyder, at du kan vælge at give netop det ord eller den sætning lidt ekstra betoning.

- *Skrå tekst* betyder, at du kan vælge at læse med en lidt langsommere og roligere stemme.

- Et par gange bliver du også opfordret til at gabe eller foretage dig noget andet. Det markeres med *[handling]* eller *[navn]*, hvor du siger barnets navn.

Denne bog indeholder specielt opbyggede sætninger og ordvalg. Nogle ord optræder mange gange, f.eks. ordet 'nu', og nogle sætninger kan opleves som lidt ualmindelige; sådan skal de være, og de har et psykologisk formål. Det kan være en god ide, at du læser bogen selv først for at få en fornemmelse af rytmen og ordene.

Held og lykke med bogen, og sov godt.
Carl-Johan Forssén Ehrlin

~ 8 ~

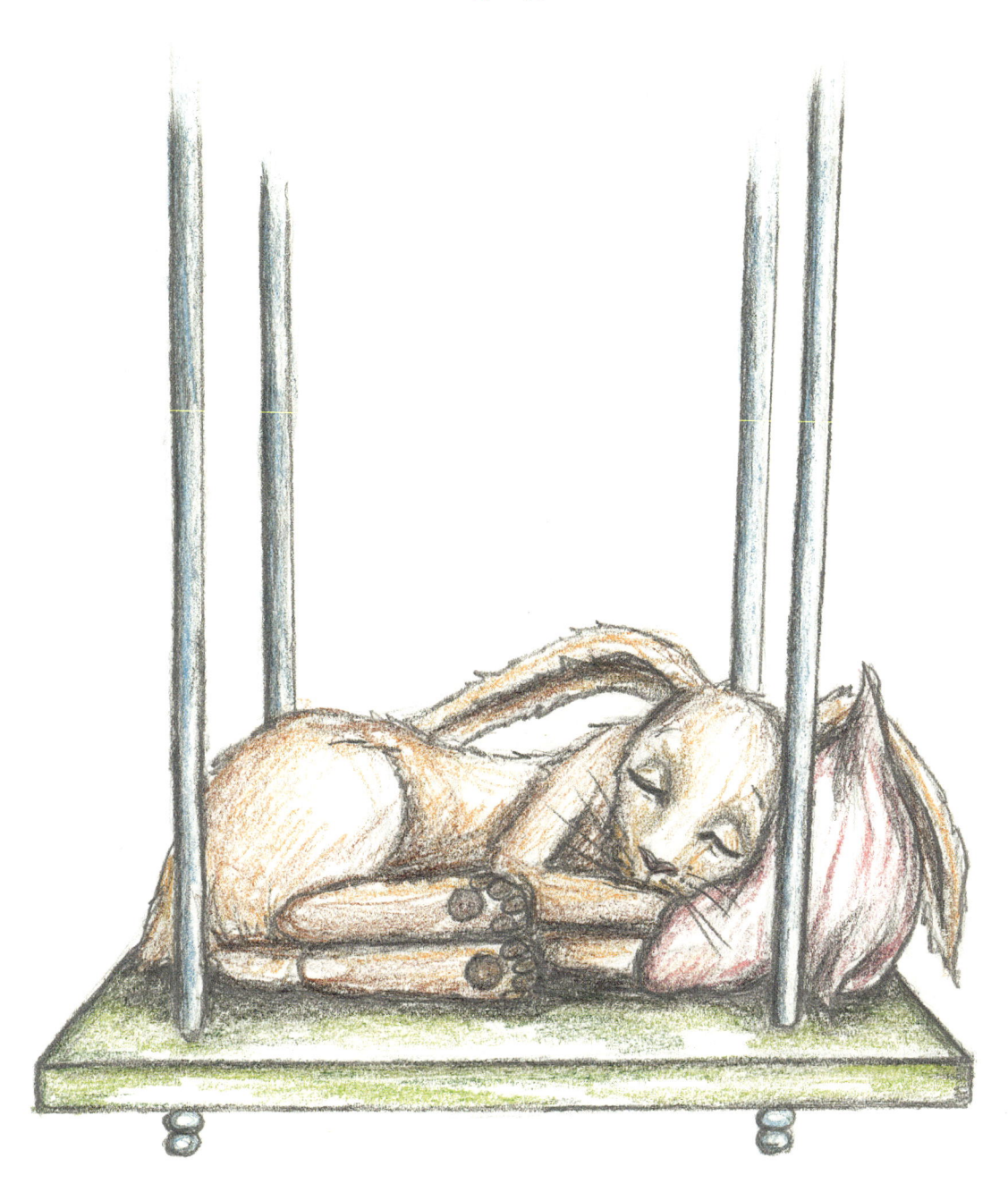

Jeg vil fortælle en historie, der vil hjælpe dig, *[navn]*, til at falde i søvn, måske allerede inden historien er slut.

Der var engang en lille kanin, der hed Kalle, som **så gerne ville sove**, men som ikke kunne lige nu.

Kalle Kanin var på din alder. Ikke ældre og ikke yngre, men præcis lige så gammel som dig, *[navn]*. Han kunne godt lide at lave alle de ting, som du kan lide at lave, at lege og have det sjovt. Han ville hellere være oppe og lege hele aftenen end **at sove, nu**.

Alle hans søskende **faldt så let i søvn hver aften**, når Mor Kanin puttede dem, men det gjorde Kalle Kanin ikke. *Han lå bare der* og tænkte på alt muligt, han kunne lave i stedet for **at sove**. Han kunne være ude og lege i græsset og bare løbe rundt, lige indtil han blev *så træt, så træt, at han ikke orkede mere*.

Kalle Kanin kunne lege på legepladsen hele dagen, lige indtil han *faldt i søvn i gyngen. Nu. Den måde, gyngen vugger ham på lige så langsomt, frem og tilbage, langsomt, frem og tilbage, helt afslappende.*

Kalle Kanin **følte sig trættere**, når han tænkte på alle de lege og på, **hvor træt han kunne blive** bagefter, og før han og du skal **lægge jer til at sove, nu**.

Alle de lyde, han hørte, fik ham og dig, *[navn]*, til at blive mere og mere trætte. Han ville snart falde i søvn, men vidste ikke, nu, **hvor hurtigt og hvor tæt på at sove han rent faktisk er**. Hvordan billedet af ham selv, der ligger og sover, nu bliver tydeligt og kommer nærmere og nærmere.

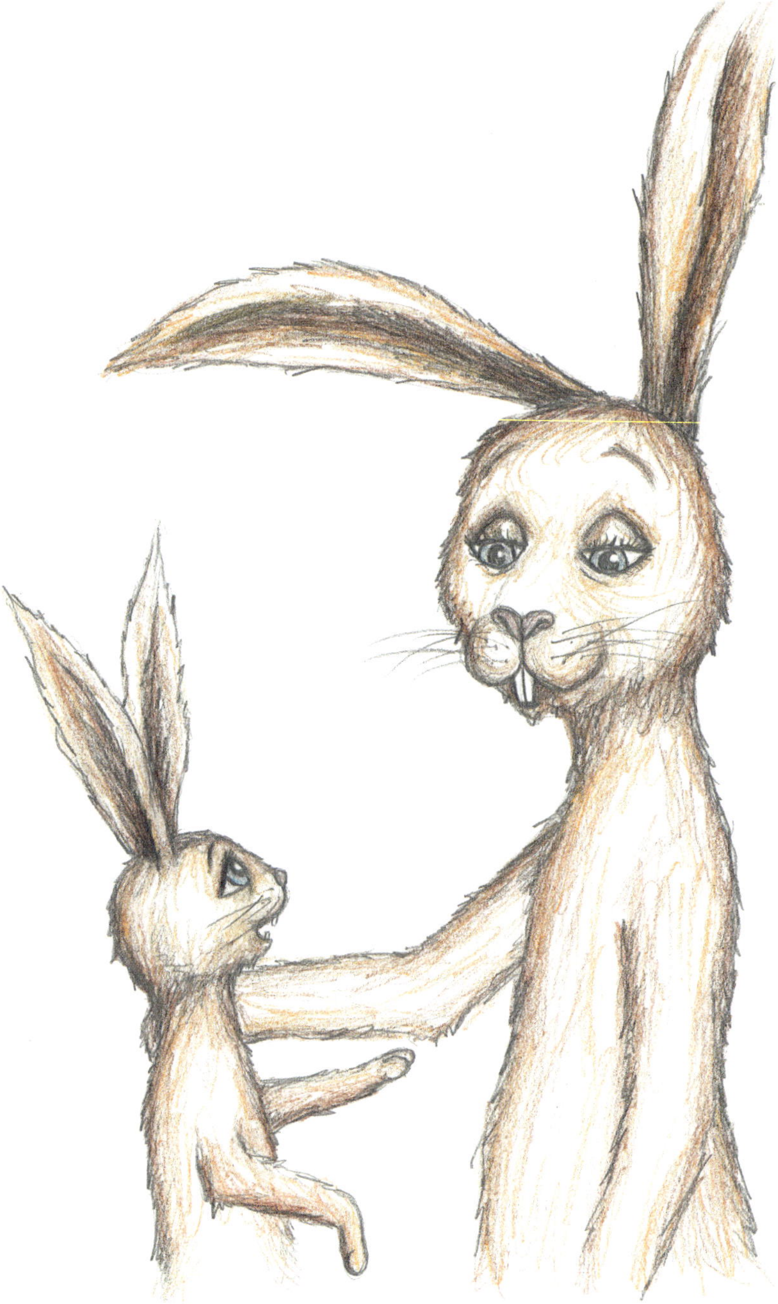

Lige netop den aften faldt Kalle Kanins søskende **usædvanligt hurtigt i søvn**, mens han, nu, stadigvæk ligger og **forsøger at falde i søvn**. Han lå og tænkte på alt det, der kunne gøre ham træt nu, alt det, som plejede at gøre ham *så træt og søvnig, så træt og så søvnig. Al legen, al søvnen og al den slags gør ham bare træt, lige nu.*

De ting hjalp ikke Kalle Kanin, **men dig**, *[navn]*. Han besluttede sig for at gøre noget ved det. Far Kanin sov, men Mor Kanin var stadig vågen, så Kalle Kanin gik ind og snakkede med hende. Hun foreslog, at han og du skulle tage alle de tanker, der snurrer rundt i hovedet, og lægge dem i en kasse ved siden af sengen. "For når du er faldet i søvn og vågner udhvilet om morgenen, så har du svar på alle dine tanker," sagde Mor Kanin med fast stemme, til dig.

Mor Kanin sagde, at nogle gange tager det lidt længere tid, men du får altid svar på de tanker, du lægger i din kasse. Det gør Kalle Kanin og du så, nu. Kalle Kanin kan mærke, hvor dejligt det er, når han lægger sine tanker ned i kassen og *bare kan slappe af*. Mor Kanin foreslog så, at I sammen skulle gå hen til Onkel Troldmand, som var verdens rareste troldmand, og som boede ovre i den anden ende af engen.

"Han vil **helt sikkert kunne hjælpe jer begge to med at falde i søvn**," sagde hun til dig.

Som sagt, så gjort, I drog af sted for at få Onkel Troldmands hjælp til at falde i søvn, nu. På vej ud ad døren tænkte Kalle Kanin på alle de gange, Onkel Troldmand havde hjulpet ham tidligere. Det var gang på gang lykkedes ham at få Kalle Kanin og dig til at **falde i søvn** ved hjælp af sine trylleformularer og sit magiske sovepulver. Det vil også ske **nu**.

Kalle Kanin var sikker på, at han nok skulle falde i søvn, så han sagde til dig, [navn], at det er helt i orden at lægge sig til at sove allerede nu, inden historien er færdig. For han ved, den ender godt, og at I begge to falder i søvn.

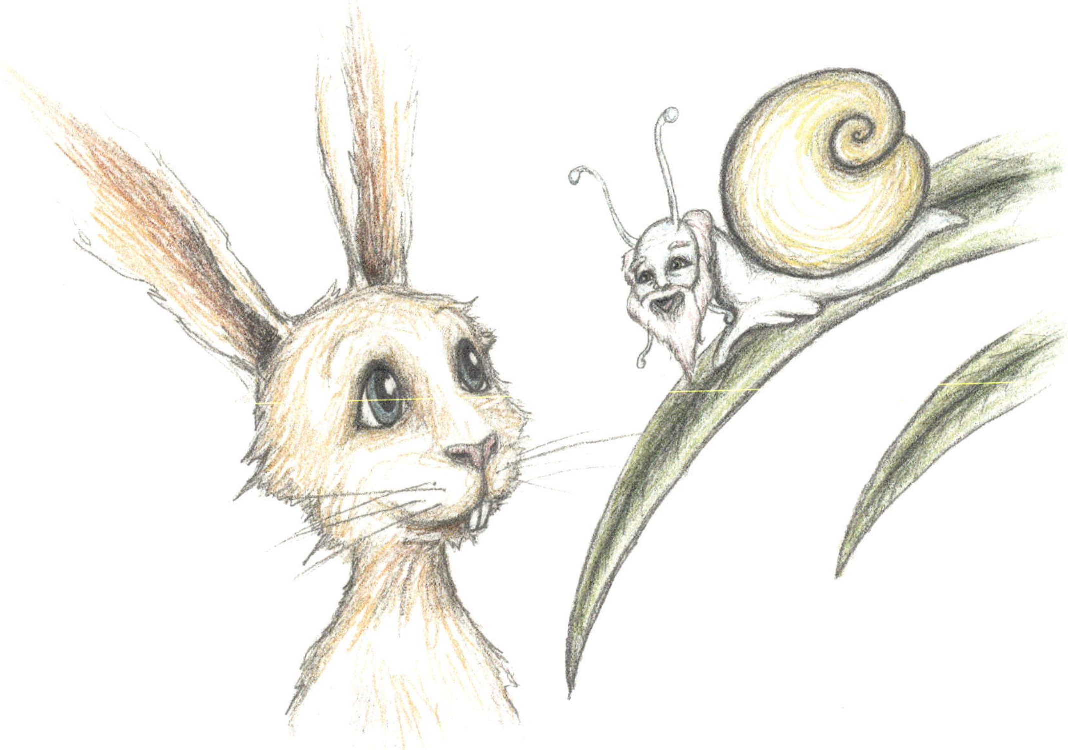

Da I først var kommet udenfor, var Kalle Kanin og du *på vej ned i søvnen*. Han fulgte den lille sti ned, *ned*, til Onkel Troldmand. En sti *ned*, som han kendte så godt. Han havde gået *den vej ned* så mange gange før. *Bare gået ned, ned og ned … Sådan, ja … Fint.*

Da Kalle Kanin og Mor Kanin var gået *ned* et lille stykke tid, mødte de den rare Hr. Snegl med hus på ryggen.

"Hvor er du **nu på vej ned**?" spurgte Hr. Snegl nysgerrigt.

"Jeg skal *ned* til Onkel Troldmand for at få hjælp. Nu. **Til at falde i søvn**," sagde Kalle Kanin til Hr. Snegl og dig. "Hvad gør du for at falde i søvn?" spurgte han.

Hr. Snegl svarede, at hemmeligheden ligger i at sætte tempoet ned og gøre alting langsommere. *Gå langsomt, lige så langsomt. Bevæge sig langsomt, lige så langsomt. Tænke langsomt, trække vejret langsomt og roligt, langsomt og roligt, bare komme helt langt ned i tempo.*

"Det virker altid for mig og **dig**," sagde den rare Hr. Snegl.

"Tak, det vil jeg prøve," sagde Kalle Kanin til Hr. Snegl og til dig.

Hr. Snegl sagde til dig, *[navn]*, **at du kommer til at falde i søvn af den her historie. Allerede nu, giver du dig selv lov til at falde i søvn.**

Kalle Kanin sagde farvel til Hr. Snegl og gik videre.

"Det der med at sætte tempoet ned, det lød godt, det må jeg prøve," sagde Kalle Kanin til dig. *Han begyndte at gå langsommere og langsommere og tog kortere skridt. Samtidig med at han begyndte at trække vejret dybere og langsommere, følte han sig allerede nu mere træt og opdagede, hvor dejligt det er nu, hvor alting går langsomt. Kalle Kanin blev trættere, og jo mere han satte tempoet ned og blev roligere, jo trættere blev du nu, og jo trættere han blev, jo mere slappede han af, og jo mere han slappede af, jo trættere er han og du nu [gab]. Sådan, ja.*

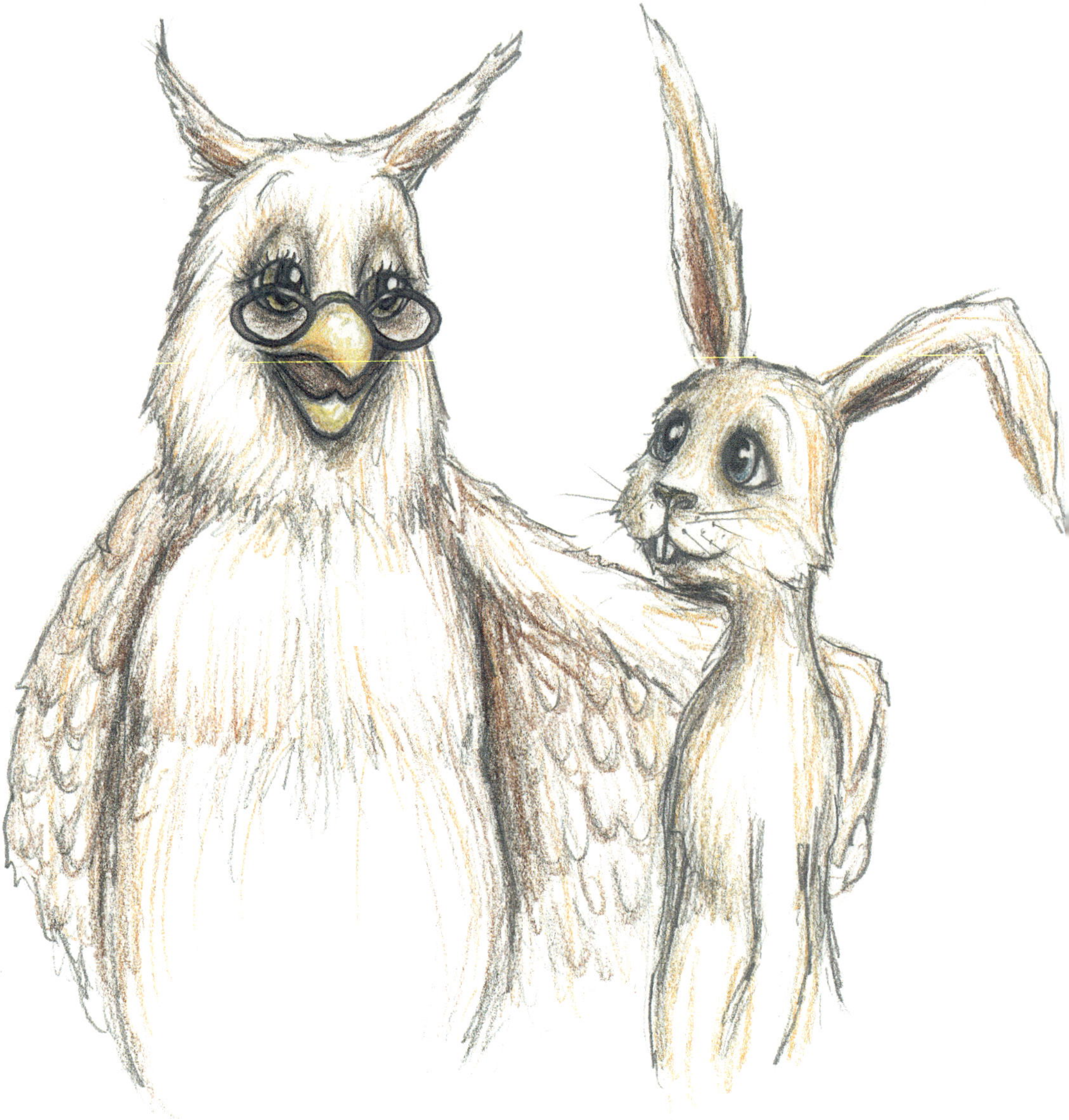

Kalle Kanin og Mor Kanin *fortsatte langsomt* hen ad den lille sti *ned* mod Onkel Troldmand i den anden ende af engen. Da de havde gået et stykke tid, mødte de den smukke og kloge Fru Ugle. Hun sad på en lille gren lige ved siden af den sti, der førte *ned* til Onkel Troldmand.

"Hej, Fru Ugle. Du er jo så klog, som ugler er, og har forstand på en masse gode ting. Jeg vil gerne have hjælp til at **falde i søvn nu**, kan du hjælpe mig med det?" sagde Kalle Kanin til dig.

"Selvfølgelig kan jeg hjælpe dig med at **falde i søvn nu**," svarede den kloge Fru Ugle. "Du behøver ikke engang at høre alt, hvad jeg siger, **du kan se dig selv falde i søvn, allerede nu**. *Du føler dig rolig og afslappet og kan gøre, som jeg siger. Nu. Fald i søvn.* Det handler om at kunne **slappe af.**
Læg dig nu ned. Om lidt skal du **slappe af** i forskellige dele af din krop. **Det er vigtigt, at du gør, som jeg siger**, og bare slapper af, nu," sagde hun.

Slap af i fødderne, *[navn]*. Kalle Kanin og du gør, som Fru Ugle siger, og **slapper af nu** i fødderne.
Slap af i benene, *[navn]*. Det er det, Kalle Kanin og du gør, **nu**.
Slap af i hele overkroppen, *[navn]*. Det er det, Kalle Kanin og du gør, **nu**.
Slap af i armene, *[navn]*. *Lad dem blive lige så tunge som sten.*
Kalle Kanin og du lader dem blive lige så tunge som sten, nu.
Og du **slapper af i hovedet og i øjenlågene**, *[navn]*, bare lader dem blive tunge. Kalle Kanin og **du slapper helt af**. Nu. Lader dine øjenlåg blive lige så tunge, som de bliver, *når du er lige ved at falde i søvn*.

Så sagde Fru Ugle: "Lad hele kroppen blive så tung, at det føles, som om den synker *ned* i jorden, *[navn]*. Synker ned, ned, ned. Præcis ligesom et blad, der daler *langsomt ned, ned, ned, langsomt ned* fra et træ, følger med vinden og bare lader det *dale ned, langsomt ned* mod jorden, *langsomt ned, ned, ned*. Nu. Øjenlågene er helt tunge."

"Det her var godt," sagde Kalle Kanin til dig og *mærkede nu, hvor træt han var blevet. Enormt træt. Nu. Så træt, at du er lige ved at falde i søvn [gab]*. Så dejligt det er, **lige inden du falder i søvn.**

Jeg kan få alle til at sove

Kalle Kanin havde jo besluttet sig for at tage ned til Onkel Troldmand, så han blev ved med at gå *ned, også selvom han var meget træt, nu*. Kalle Kanin tænkte på det, Hr. Snegl havde lært dig, at gå *langsomt og være rolig for at blive endnu mere træt*.

Kalle Kanin kunne mærke, **hvor træt han var**, og at han egentlig havde allermest lyst til bare at lægge sig ned og **sove**. "Men man kan jo ikke **sove her**," tænkte Kalle Kanin, "og desuden har jeg jo lovet Mor Kanin, at vi **skal ned** til Onkel Troldmand og falde i søvn, **nu**."

Da de havde gået lidt, nåede de frem til Onkel Troldmands have. Uden for huset stod der et stort skilt: "**Jeg kan få alle til at sove**".

"**Ja, det passer**," tænkte du nu. "Jeg føler mig allerede **meget mere træt**. Nu. Er han allerede gået i gang med at trylle mig i **søvn**."

Henne ved døren var der et lille skilt, hvor der stod: "Bank på, når du **nu er parat til at falde i søvn**." Kalle Kanin mærkede efter i et lille stykke tid og besluttede, at I var **parat til at falde i søvn nu**. Han bankede på.

Onkel Troldmand lukkede op og blev glad for at se dig, Kalle Kanin og Mor Kanin.

"Kom indenfor, min ven," sagde Onkel Troldmand. "Du vil da vist gerne have hjælp til at **falde i søvn nu**, vil du ikke?"

"Jo," svarede Kalle Kanin *[gab]*, "**jeg vil gerne have, at vi falder i søvn nu**. Både mig og dig, *[navn]*."

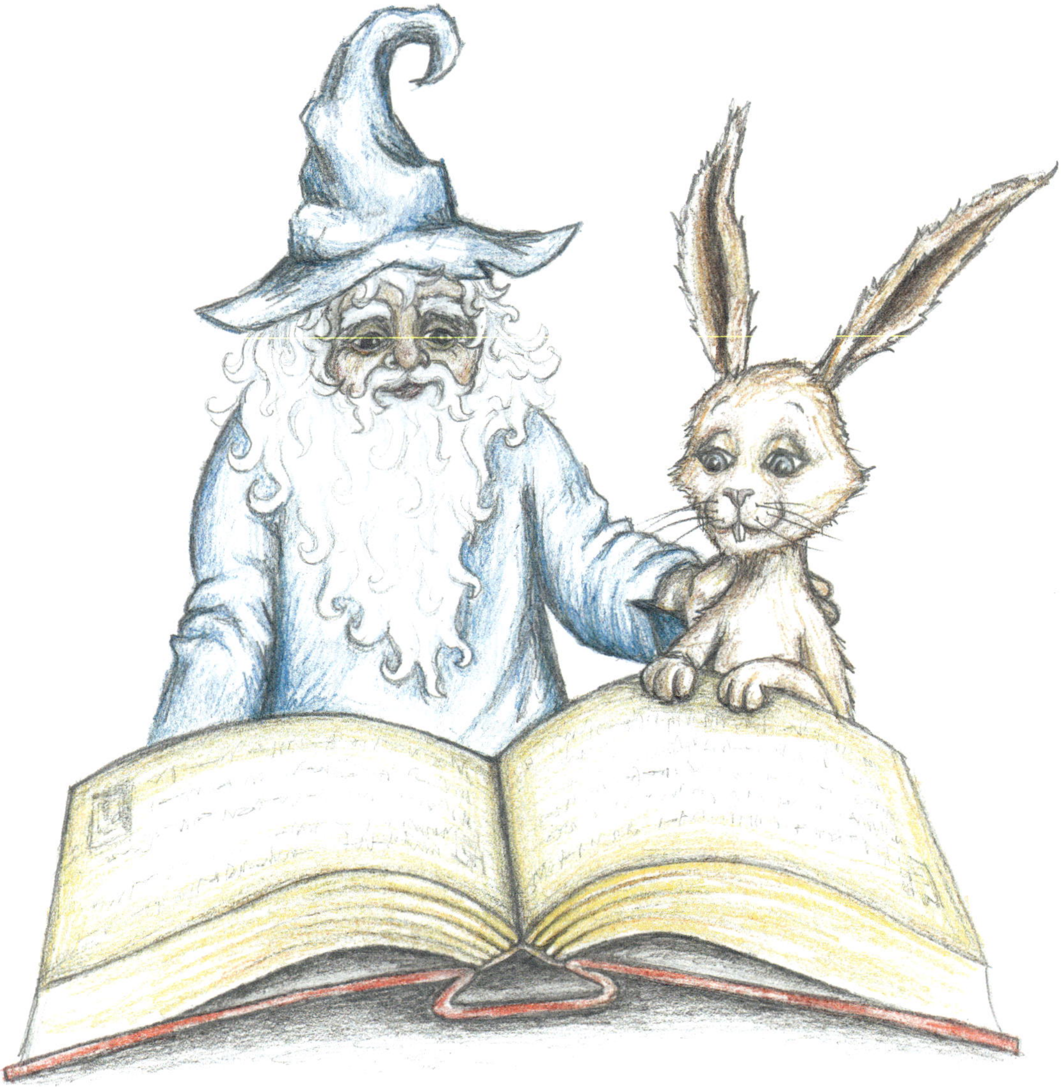

Onkel Troldmand tog sin store, tykke bog frem med de mange trylleformularer, som kan få både mennesker og kaniner til at **falde i søvn**, til at blive glade, være søde, være elskede og nu mærke, at de er gode nok, akkurat sådan som de er, akkurat sådan som du er, sagde Onkel Troldmand til dig. Han tog også det **kraftfulde, magiske og usynlige sovepulver**, der får kaniner og børn til at falde i søvn, når han drysser det ud over dem.

"Når jeg nu læser denne trylleformular og drysser det usynlige sovepulver ud over dig, er det vigtigt, at I går den lige vej hjem, og at du går i seng med det samme. Nu, **kommer du til at falde i søvn allerede** på vej hjem eller **i sengen**. Denne trylleformular og sovepulveret er så kraftfuldt, at det altid virker, og **du falder hurtigt i søvn, nu**."

"Endelig kommer jeg til at **falde ordentligt i søvn og sove så dejligt hele natten**," sagde Kalle Kanin til dig.

"Godt, så læser jeg højt nu," sagde Onkel Troldmand og gik i gang med at læse den kraftfulde trylleformular, der **skulle få** Kalle Kanin og **dig til at falde i søvn, nu**.

[Mens du tæller, lader du, som om du drysser det usynlige sovepulver ud over barnet.]

"Tre … to … en … Sov tungt, tungt, tungt, med det samme, samme, samme …"

"Nu er det bedst, at du går hjem," sagde Onkel Troldmand, "for du falder i søvn meget snart! Dine øjenlåg bliver tungere og tungere, og du bliver mere og mere træt for hvert eneste skridt, du tager på vej hjem. Og du vil også komme til at falde hurtigere i søvn og sove bedre hver eneste nat fremover. Falde hurtigere i søvn og sove endnu bedre, hver nat," sagde Onkel Troldmand til dig. "Det er ligegyldigt, om dine øjne er åbne, eller, nu, lukkede. Det får dig bare til at blive dobbelt så træt."

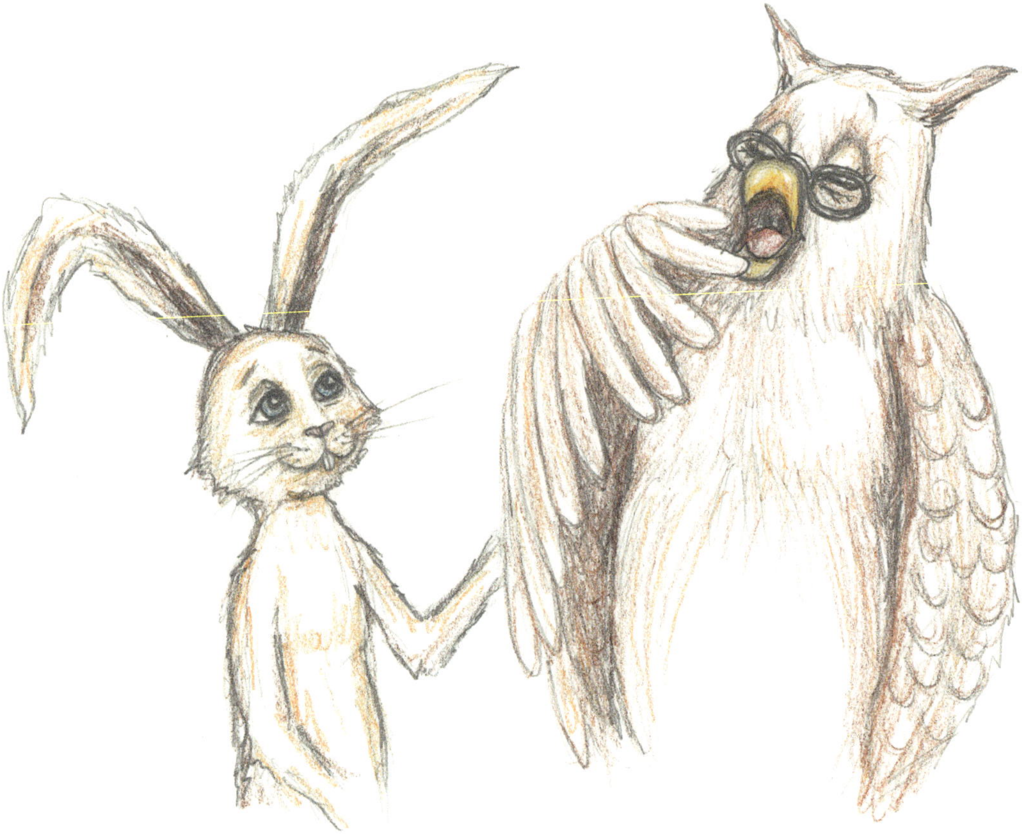

I gabte begge to nu *[gab]*, sagde pænt tak og gik hjemad sammen med Mor Kanin. "Hvordan skal jeg komme hele vejen hjem *uden at falde i søvn, nu, er jo så træt. Så træt og vil sove,*" *[gab]* sagde Kalle Kanin til dig. "*Så træt, at jeg ville ønske, jeg lå i min seng nu og kunne holde op med at lytte til lydene omkring mig og bare lægge mig til at sove. Alle lydene forsvinder langsomt. Nu. Når du falder i søvn,*" sagde Kalle Kanin til dig.

De begyndte at gå. Gik og gik og gik, og hvert skridt blev tungere og tungere. Så træt, så træt, akkurat som Onkel Troldmand havde sagt, træt er du nu, træt er du, nu.

Efter et stykke tid mødte de igen den smukke og kloge Fru Ugle. Fru Ugle sagde til Kalle Kanin: "Jeg kan se på dig, at **du er træt,** *[navn]*, at du virkelig er **lige ved at falde i søvn.**"

Kalle Kanin var **meget træt** og nikkede langsomt, sagde ja og kunne mærke, at den kloge Fru Ugle havde ret. *"Jeg er faktisk ved at falde i søvn nu,"* tænkte du for dig selv.

"**Godnat**," siger den kloge Fru Ugle, "nu **lukker du øjnene og gaber dig i søvn**." *[Gab.]*

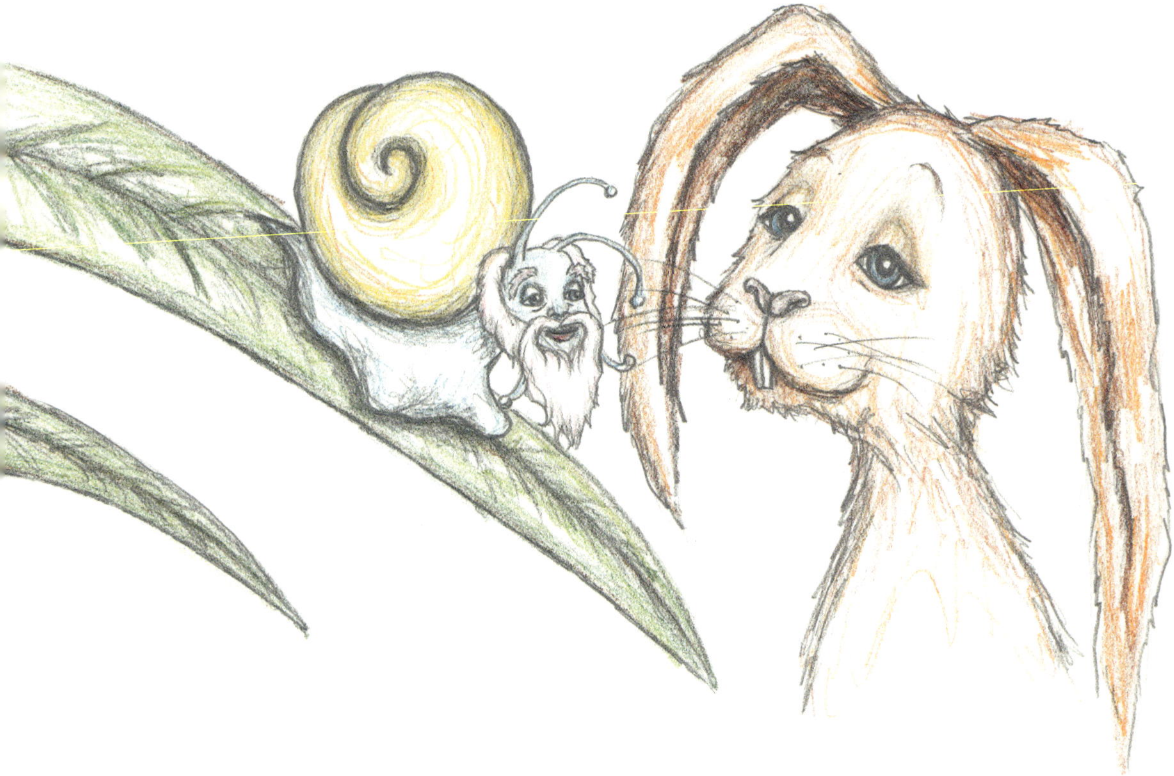

Kalle Kanin går videre hjemad mod sin seng. Nu. *Mere og mere træt for hvert skridt.* Han længes efter sin varme og dejlige seng og efter at *sove så dejligt, som du gør nu. Sove så dejligt.* Jo mere Kalle Kanin tænker på sin seng, jo *mere træt* bliver han nu, og jo *mere træt han bliver,* jo mere længes han efter sin seng derhjemme, som gør ham og dig *dobbelt så trætte. Nu. Kan du falde i søvn når som helst.*

Efter endnu et stykke tid mødte de den rare Hr. Snegl igen, med hus på ryggen. Hr. Snegl var ikke kommet ret langt, siden de mødte ham sidst. "Han er så langsom," tænkte Kalle Kanin, "så **nu må det være let for ham at falde i søvn.**"

Hr. Snegl sov, men vågnede, da Kalle Kanin gik forbi.

"**Du falder også snart i søvn, ikke?**" sagde Hr. Snegl.

"Jo, jeg er så træt, at jeg bare har lyst til at lukke øjnene, jeg kan virkelig se mig selv falde i søvn," sagde Kalle Kanin til dig og Hr. Snegl. Nu. Bliver han ved med at gå ned i søvnen, og han vil have, at du også giver dig selv lov til at falde i søvn.

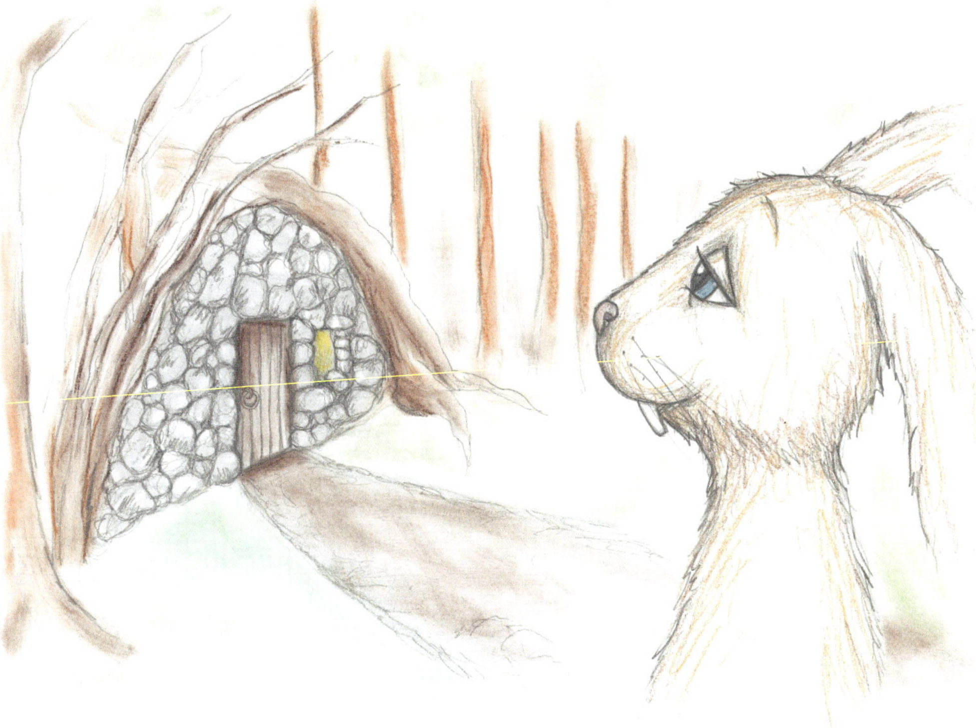

Nu var Kalle Kanin *så træt*, at han knap nok orkede at løfte sine fødder længere, *så træt, så træt*. Men Kalle Kanin og du, *[navn]*, fortsatte hjemad og *dybere og dybere i søvn*.

"For hvert skridt bliver jeg bare *mere og mere træt*," sagde Kalle Kanin til dig. "*Mere og mere træt*. Nu er jeg snart hjemme, *så træt, at du ikke orker at holde øjnene åbne længere, og det gør dig endnu mere træt.*"

For hvert skridt bliver *øjenlågene tungere og tungere og lukker sig nu [gab]. Øjenlågene tunge som sten, tunge, tunge, meget tunge.*

Kalle Kanin fik øje på sit hjem. "Endelig," tænkte han, *som er dobbelt så træt.* "Nu skal vi begge to sove godt, *[navn]*, *sove så godt.*"

Kalle Kanin kom hen til døren og var så træt, at han ikke orkede at lukke den op. *"Så trætte er vi nu,"* tænkte Kalle Kanin og gabte *[gab]*.

26

Da han kom indenfor, så han sine søskende og Far Kanin *ligge og sove så godt*. Kalle Kanin gik langsomt hen til sin seng for at sove. Nu. *Så træt, så træt [gab]*.

Da Kalle Kanin lå i sin seng, tænkte I på det, Onkel Troldmand havde sagt til dig. I morgen vil du *falde endnu hurtigere i søvn og sove endnu bedre, sådan som du gør nu*.

Mor Kanin lagde dynen godt rundt om ham og sagde **godnat** til dig, *[navn]*, som **nu er så enormt træt [gab]**.

"Ja, i morgen *falder du endnu hurtigere i søvn*, hvor er det dejligt," sagde Kalle Kanin til dig og *lukker igen dine øjne for at sove godt*.

Og nu, hvor Kalle Kanin er faldet i søvn, er det din tur til at falde i søvn og sove lige så godt, som han gør nu.

For hvis Kalle Kanin kan falde i søvn, så kan du også falde i søvn nu.

GODNAT!

OM BOGEN OG FORFATTEREN

Du har nu læst bogen *Kaninen der så gerne ville sove*. Bogen er den første i en planlagt serie af børnebøger, der har til hensigt at hjælpe børn til at sove godt, få øjnene op for deres eget værd og blive klar til at overvinde forhindringer i deres liv allerede som små og siden i voksenlivet.

Carl-Johan Forssén Ehrlin er forfatter til bogen. Han er uddannet adfærdsforsker, er NLP Master Practitioner og arbejder som coach, foredragsholder og underviser inden for personlig udvikling, mental træning og ledelse. Om bogen siger han:

Min målsætning med denne bog er at hjælpe alle jer forældre derude, som kæmper for at få jeres børn til at falde i søvn om aftenen, eller når de skal sove til middag. Det er mit ønske, at bogen vil hjælpe barnet til at slappe af og falde hurtigere i søvn, for hver gang han eller hun får historien læst højt.

Carl-Johan Forssén Ehrlin er også forfatter til bestselleren *Skapa din framtid! – En handbok inom ledarskap och personlig utveckling*. Denne bog har som mål at hjælpe andre med at se nye muligheder, tro på sig selv og udvikle sig som mennesker og ledere. Læs mere om Carl-Johan på www.carl-johan.com

Du er velkommen til at *like* The Rabbit Who Wants To Fall Asleep på Facebook, hvor du kan få inspiration fra forfatteren og dele dine egne erfaringer med andre. Her og på Amazon.com kan du også se kommentarer og gode råd fra alle de forældre, der med bogen endelig har fundet en måde at få deres børn til at falde i søvn på.

EGNE NOTER

Her er der plads til dine egne noter om *Kaninen der så gerne ville sove* og om, hvordan den virker bedst for det barn eller de børn, du læser for.